まちごとインド

West India 003 Jodhpur

ジョードプル

「巨人の城」とブルー・シティ

जोधपुर

Asia City Guide Production

【白地図】ラジャスタン州

INDIA
西インド

【白地図】ジョードプル

INDIA
西インド

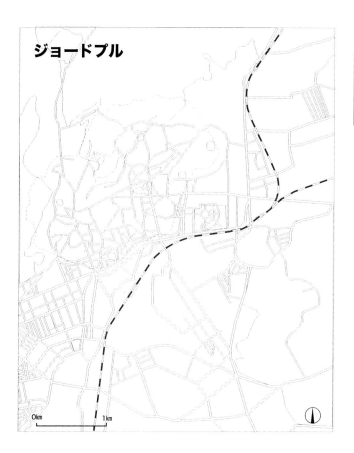

【白地図】メヘランガルフォート

INDIA
西インド

【白地図】フォートと旧市街北

INDIA
西インド

【白地図】鉄道駅と旧市街

INDIA
西インド

【白地図】新市街

INDIA
西インド

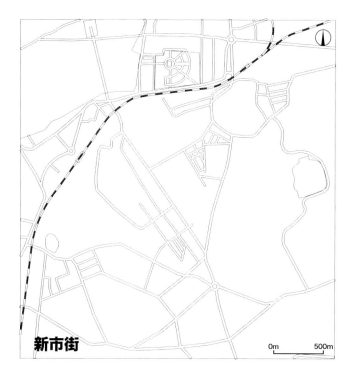

【白地図】大ジョードプル

INDIA
西インド

大ジョードプル

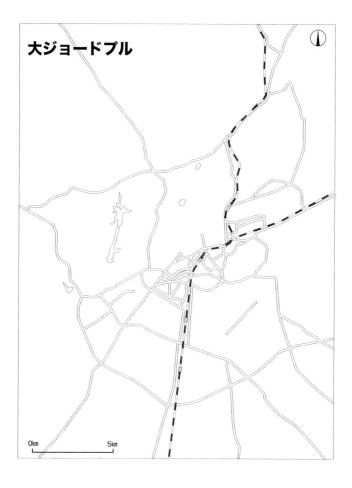

【白地図】ジョードプル郊外

INDIA
西インド

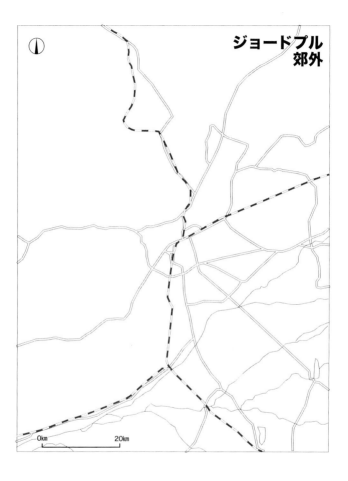

ジョードプル郊外

Jodhpur 白地図

【白地図】オシアン

INDIA
西インド

オシアン

Jodhpur

白地図

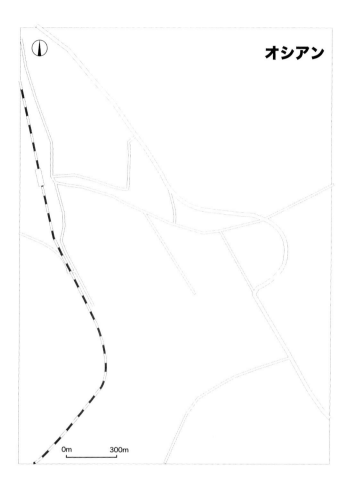

【まちごとインド】
西インド 001 はじめてのラジャスタン
西インド 002 ジャイプル
西インド 003 ジョードプル
西インド 004 ジャイサルメール
西インド 005 ウダイプル
西インド 006 アジメール（プシュカル）
西インド 007 ビカネール
西インド 008 シェカワティ

INDIA
西インド

　巨大な城塞メヘランガル・フォートが断崖上にそびえ、その城下に発展してきたジョードプル。1459年、ラージプート族のラーオ・ジョーダ王によって建設された街は、「ジョーダの街（ジョードプル）」を意味する。

　ジョードプルでは、ムガル帝国（16〜18世紀）、イギリス統治（19〜20世紀）時代を通じてマハラジャによる統治が認められる半独立状態が続いた。500年のあいだマールワール王国（藩王国）の都がおかれ、ジョードプル王族は名門ラージプートの一角をしめている。

　またジョードプル旧市街の建物は青色で塗りあげられていることから、「ブルー・シティ（青の都）」の愛称をもつ。「ピンク・シティ」の州都ジャイプルに続くラジャスタン第2の都市でもあり、広大なタール砂漠のちょうど入口に位置している。

【まちごとインド】
西インド 003 ジョードプル

INDIA
西インド

目次

ジョードプル	xx
砂漠へ続く青の都	xxvi
フォート鑑賞案内	xxxv
旧市街北城市案内	xlviii
旧市街城市案内	liv
ムガルとマールワール家	lxiv
新市街城市案内	lxx
郊外城市案内	lxxxiii
城市のうつりかわり	xci

【MEMO】

Jodhpur

ジョードプル

【地図】ラジャスタン州

砂漠へ続く青の都

INDIA
西インド

ジョードプルは500年以上の歴史をもつ
ラートール・ラージプート族の都
マハラジャは今でも人々に親しまれている

崖のうえのマハラジャ宮殿

地球に現存するもっとも古い時代の地殻（5億9000万年以前の先カンブリア時代）を利用して築かれたメヘランガル・フォート。この城塞は1459年、北8kmのマンドールから新首都ジョードプルに遷都されたときに築城された。その主だったのがマールワール王国（藩王国）のマハラジャで、都ジョードプルを中心とした地域はマールワール地方と呼ばれている（サンスクリット語で「砂漠の地」を意味するマルワトからとられている）。ジョードプル王家のラートール・ラージプートは太陽の末裔を自認し、インド神話『ラーマーヤナ』

砂漠へ続く青の都 Jodhpur

に系譜をさかのぼるという。

ラージプートとは

インドの民を守る古代クシャトリアの末裔を自認する騎士階級のラージプート（実際は5世紀、フン族とともにインドに侵攻してきた外来民族の子孫とされる）。ラージプート諸族はそれぞれ血縁で結びついた氏族を中心に王朝をつくり、王は一族の首長、その兄弟や一族が王をとりまく貴族を構成した。ラージプートは8〜12世紀、氏族ごとに北インドにいくつもの王朝を築いたが、中世以降のイスラム勢力のインド

INDIA
西インド

侵入を前に、氏族を越えてまとまることができず、個別に敵にあたり、敗れ去っていった(アヘンを吸引し、戦場へ向かったという)。ラジャスタン地方はこうしたラージプート諸族の末裔が暮らす「王の土地」と知られる。

ジョードプルとラージプート諸国

ラージプートの各氏族は覇権を争い、なかでもラートール氏族のマールワール王家（ジョードプル）、カチワハ氏族のアンベール王家（ジャイプル）、シソーディア氏族のメーワール王家(ウダイプル)がラージプート御三家とされる。ジョー

▲左　鍵盤楽器ハルモニウムを演奏する砂漠の音楽師。　▲右　そびえ立つメヘランガル・フォートはジョードプルのシンボル

ドプルではバラモンを意味する「青色」、ジャイプルは歓迎を意味する「ピンク色」、ウダイプルは湖に映える「白色」に街が彩られ、各王家は1000年ものあいだ半独立状態にあったことから、それぞれ異なる独自の文化をもつ。

ジョードプルの位置と構成

アラワリ山系がラジャスタンの北東から南西にかけて走り、この山脈の東側が湿潤地帯、西側が砂漠地帯となる。ジョードプルはラジャスタン中央西部に位置し、ここから西は本格的にタール砂漠が広がる。北のビカネール、西のジャイサル

INDIA
西インド

▲左　旧市街の建物は青く塗られている。　▲右　窓枠にほどこされた繊細な彫刻、メヘランガル・フォートにて

メール、東のアジメール、南のウダイプルへ続く要衝でもあり、街は隊商交易の中継点として栄えてきた。メヘランガル・フォート麓の旧市街、鉄道駅をはさんで南東側の新市街（20世紀以降の発展）を中心に街は郊外へ拡大している。

【MEMO】

【地図】ジョードプル

【地図】ジョードプルの［★★★］
- [ ] メヘランガル・フォート Mehrangarh Fort

【地図】ジョードプルの［★★☆］
- [ ] ジャスワント・タダ Jaswant Thada
- [ ] サルダル・マーケット Sardar Market
- [ ] ウメイド・バワン・パレス Umaid Bhawan Palace

【地図】ジョードプルの［★☆☆］
- [ ] ナイ・サラク Nai Sarak
- [ ] マハ・マンディル Maha Mandir

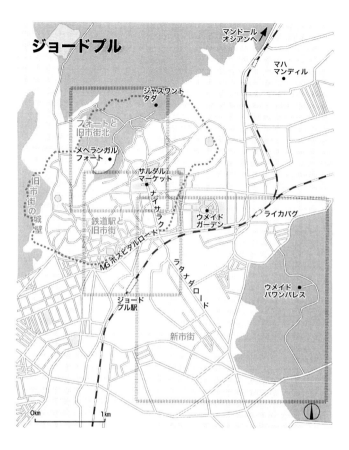

Guide, Mehrangarh Fort
フォート鑑賞案内

異民族の侵入があいついできた西インド
固い守りを誇るメヘランガル・フォートは
インド最大の城と言われ、城塞内に宮殿が連続する

मेहरानगढ़ दुर्ग ;
メヘランガル・フォート Mehrangarh Fort ［★★★］

周囲からせりあがった高さ125mの台地上に建てられたメヘランガル・フォート。最大30mの城壁をめぐらせた砂岩の城はひとつの巨大な塊のようで、ジョードプルの象徴となっている（王家の祖先「太陽」を意味するmihirから名前はとられている）。1459年、ジョードプルに都を遷したラーオ・ジョーダ王によって建設され、以後18世紀なかばまで次々に宮殿や建物が加えられて現在の姿になった。マハラジャや王妃が暮らした宮殿、宝物庫、寺院が残り、マハラジャの使っ

INDIA
西インド

た輿、家具や武器、楽器、大砲などを展示する博物館として開館している。

マハラジャと豪奢な生活

メヘランガル・フォートではダイヤ、ルビー、真珠といった宝石、象牙を散りばめ、高級の香木をたくなど、贅のかぎりを尽くした王族の生活があった。マハラジャの後宮にはインド中から数百人の美女が集められ、そのなかの少人数だけが「マハラニ」とされた。マハラジャ一族はチータを使って猛獣狩りに出かけるなど武勇でも知られ、1947年のインド

【MEMO】

【地図】メヘランガルフォート

【地図】メヘランガルフォートの [★★★]
- [ ] メヘランガル・フォート Mehrangarh Fort

【地図】メヘランガルフォートの [★★☆]
- [ ] フォートへ続く門 pol
- [ ] シーシュ・マハル Sheesh Mahal

【地図】メヘランガルフォートの [★☆☆]
- [ ] フール・マハル Phool Mahal
- [ ] タハット・ヴィラス Takhat Vilas
- [ ] モティ・マハル Moti Mahal
- [ ] チャームンディ・デーヴィー寺院 Chamundaji Mandir
- [ ] 旧市街 Old Jodhpur

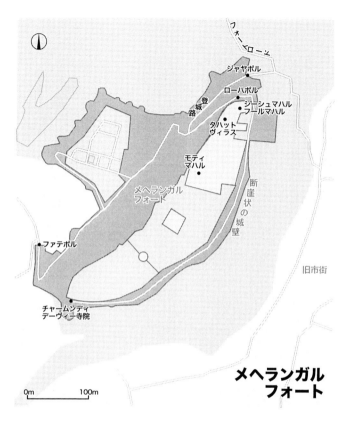

**メヘランガル
フォート**

INDIA
西インド

独立後、平民になったあとも人々からジョードプルのマハラジャとして親しまれている。またジョードプルでは丈のあるターバンが着用され、王族のものは宝石や羽をかざるなど、ターバンや服装がその人の職業、社会的地位、出身地などを示すという。

पोल；フォートへ続く門 pol ［★★☆］

メヘランガル・フォートへは大きく湾曲する道が伸び、最初のジャヤ・ポル（勝利の門）から、ローハ・ポル（鉄の門）まで7つの門がならぶ。これらは他国との戦争に勝利したと

▲左 マハラジャが乗った金色の輿。 ▲右 旧市街のいたるところから見えるメヘランガル・フォート

きなどに増築されていったもので、鉄壁の防御体制をもつ。また最後のローハ・ポル門脇の壁には、マハラジャの死にあたってサティ（寡婦殉死）を行なった15人の妃の手形（掌紋）が見られる。メヘランガル・フォートの西側の門ファテ・ポル（勝利の門）は、30年におよぶラージプート戦争でムガル帝国に勝利した記念に建てられた。

寡婦殉死のサティー

先立った夫に従って生きたまま火中に身を投じる寡婦殉死をサティーという（サティーとはもともと「貞淑な妻」を意味

INDIA
西インド

するが、寡婦殉死そのものがサティーと見られるようになった)。16世紀ごろ、宗教規範の観点から、ラージプート王族のあいだでサティー敢行が広まり、ジャスワント・シング王(在位1637〜80年)の死にあたって、8人の王妃がサティーを行なっている。寡婦は沐浴したあと、花嫁衣装に着替えてから火中に向かい、地上での結婚生活を終えて夫への貞節を守るのだという。一方で、女性の地位の低さや、迷信から来るインド社会の悪習とも考えられ、ジョードプルでは1847年にサティーは廃止された。

▲左　見事な鏡細工で彩られたシーシュ・マハル。　▲右　7つの門が連なる登城路

メヘランガル・フォートの建築と装飾

台地上に築かれたメヘランガル・フォートは長さ450m、幅225mの規模をもち、そのなかにいくつもの宮殿、寺院、庭園が展開する。ジョードプルのマールワール王国が最盛期を迎えたのは16世紀で、ムガル帝国有数の臣下であったことから、イスラム教のムガル様式とラージプート様式が融合した建築が見られる。中庭をもつハーヴェリと呼ばれる様式や隅の垂れさがった屋根はムガル建築の影響を受け、窓枠や柱、壁面にほどこされた精緻な彫刻はラージプート様式となっている。

西インド

शीश महल ; シーシュ・マハル Sheesh Mahal [★★☆]

「鏡の間」と知られるシーシュ・マハル。壁面は細やかな鏡細工と装飾で彩られ、部屋の上部にはラージプート絵画が見える。

फूल महल ; フール・マハル Phool Mahal [★☆☆]

金色の柱が立ちならび、中央にマハラジャの席、その脇に王妃のための席が用意されたフール・マハル。18世紀に建てられたもので、フール・マハルとは「花の間」を意味する。

▲左 刀を肌身離さないラージプート男性。 ▲右 ステンド・グラスから光が差しこむ、タハット・ヴィラスにて

तखत विलास ; タハット・ヴィラス Takhat Vilas [★☆☆]

マハラジャ・タフト・シング(在位1843〜73年)による宮殿タハット・ヴィラス。青と金色を基調とした室内はヨーロッパの影響がうかがえ、ラージプート絵画が壁面にはめこまれている。

मोती महल ; モティ・マハル Moti Mahal [★☆☆]

メヘランガル・フォートを代表する宮殿のモティ・マハル。16世紀に建てられたもので、マハラジャの一般謁見の間にあたった(モティ・マハルとは「真珠の間」を意味する)。

王族たちの坐ったクッション、鮮やかなステンド・グラスが見られる。

चामुंडा जी मंदिर ; チャームンディ・デーヴィー寺院
Chamundaji Mandir [★☆☆]

ジョードプル王家の守護神をまつったチャームンディ・デーヴィー寺院。この女神はドゥルガー女神の化身とされ、1460年、ジョードプル以前の都マンドールから遷された。その恩恵を受けるため、女神にまつわる神話、賛歌が語られ、音楽の演奏も行なわれてきた。

Guide,
Old Jodhpur North
旧市街北
城市案内

INDIA
西インド

メヘランガル・フォート北東に立つジャスワント・タダ
ここからはメヘランガル・フォートの
壮大なたたずまいが見える

राव जोधा डेजर्ट रॉक पार्क ; ラオ・ジョーダ砂漠岩石公園
Rao Jodha Desert Rock Park [★☆☆]

メヘランガル・フォートの北側に広がるラオ・ジョーダ砂漠岩石公園。先カンブリア時代（5億9000万年以前）にさかのぼるというこの地の特異な地殻（岩石）や砂漠の植物や花を紹介する。

राव जोधा जी की प्रतिमा ;
ラオ・ジョーダ王の像 Rao Jodha Ji Statue [★★☆]

1459年にジョードプルを築いたラオ・ジョーダ王（在位

▲左　ターバンはその人の属性を示す印だという。　▲右　馬上はジョードプルの街をつくったラオ・ジョーダ王

1438〜88年)の像。小高い岩の丘陵に建てられた馬上の王は、力強くメヘランガル・フォートをさしている。

जसवंत थड़ा；ジャスワント・タダ Jaswant Thada ［★★☆］

ジャスワント・タダは、19世紀、ジョードプルをおさめたマハラジャ・ジャスワント・シング2世（在位1873〜95年）の墓廟。1899年、マハラジャの息子サルダル・シング（在位1895〜1911年）によって建設され、白大理石による美しいたたずまいは「マールワールのタージ・マハル」にもたとえられる。ヒンドゥー寺院風の屋根シカラを中心に、周囲に

▲左　白大理石の墓廟ジャスワント・タダ。　▲右　弦楽器ラワナハータの演奏

チャトリを載せ、その前面には四分割庭園が配置されている（楽園が示されたムガル式庭園）。ジャスワント・タダからは雄大なメヘランガル・フォートが視界に入るほか、ジョードプル市街も一望できる。

砂漠の大道芸人

村から村へと放浪を続けながら、音楽を演奏する砂漠の音楽師ボーパ。ボーパはジョードプルのほか、ジャイサルメールやグジャラートなどでも見られ、この地方の英雄譚を音楽にあわせて語りついできた。ボーパのもつラワナハータという

【MEMO】

【地図】フォートと旧市街北

【地図】フォートと旧市街北の [★★★]
- [ ] メヘランガル・フォート Mehrangarh Fort

【地図】フォートと旧市街北の [★★☆]
- [ ] ラオ・ジョーダ王の像 Rao Jodha Ji Statue
- [ ] ジャスワント・タダ Jaswant Thada
- [ ] サルダル・マーケット Sardar Market

【地図】フォートと旧市街北の [★☆☆]
- [ ] ラオ・ジョーダ砂漠岩石公園 Rao Jodha Desert Rock Park
- [ ] 旧市街 Old Jodhpur
- [ ] クロック・タワー Clock Tower
- [ ] ナイ・サラク Nai Sarak
- [ ] アチャルナート・シヴァラーヤ寺院 Achal Nath Shivalaya Mandir

弦楽器は、一説ではヒンドゥー神話でラーマ王子が退治した魔王ラーヴァナの腕を楽器にしたとも言われている(ラワナは「魔王」、ハータは「楽器」を意味し、ラートール王家の祖先はラーマ王子を描いた『ラーマーヤナ』に系譜をさかのぼる)。

Guide, Old Jodhpur
旧市街
城市案内

INDIA
西インド

ジョードプル旧市街は
メヘランガル・フォートをあおぐ城下町
路地や広場では人々の暮らしぶりが見られる

पुरानी जोधपुर ; 旧市街 Old Jodhpur ［★☆☆］

15世紀以来の伝統をもつジョードプルの旧市街。周囲に8つの門を配し、10kmの城壁をめぐらせた城下町として発展してきた。迷路のように細い路地が入り組み、バラモンを意味する青色で建物が塗られていることから「ブルー・シティ」と呼ばれる（祭祀階級バラモンが住んでいる証だったが、現在はそれ以外の家も青く塗っているという）。また窓枠や柱に繊細な彫刻をほどこした邸宅ハーヴェリーや寺院も残っている。タール砂漠を往来する隊商の拠点という性格をもち、シンド地方から米や麦、ジョードプル近郊のラクダ、毛皮、

織物などが集まっていた（農耕民と牧畜民が商取引をした）。

सरदार बाज़ार ;
サルダル・マーケット Sardar Market ［★★☆］

旧市街の中心に位置するサルダル・マーケット（時計塔市場）。野菜や果物といった食料品や雑貨、工業品店、両替など200もの店舗がならぶ。近くには竹製品を売るバンブー・マーケット、ラッシー店やサンドイッチ店などの軽食店も立つ。

INDIA
西インド

▲左 旧市街のシンボル、クロック・タワー。　▲右　色とりどりの野菜がならぶバザール

घंटाघर घड़ी; クロック・タワー Clock Tower [★☆☆]

サルダル・マーケットの中心に立ち、ジョードプル旧市街のシンボルとなっているクロック・タワー (Ghanta Ghar)。5層からなる塔の上部に時計がついていて、頂部にはドームが載る。

नई सड़क; ナイ・サラク Nai Sarak [★☆☆]

ナイ・サラクはサルダル・マーケットから南に走るジョードプルのメイン・ストリート(「新しい道路」を意味する)。通りの両脇にはホテル、レストラン、スイーツ店がならび、多くの人が行き交う。鉄道線路を越えて道は新市街へ続いている。

【MEMO】

【地図】鉄道駅と旧市街

【地図】鉄道駅と旧市街の [★★☆]
- [ ] サルダル・マーケット Sardar Market

【地図】鉄道駅と旧市街の [★☆☆]
- [ ] 旧市街 Old Jodhpur
- [ ] クロック・タワー Clock Tower
- [ ] ナイ・サラク Nai Sarak
- [ ] ラジ・ランチョードジィ寺院 Raj Ranchhodji Mandir
- [ ] アチャルナート・シヴァラーヤ寺院 Achal Nath Shivalaya Mandir

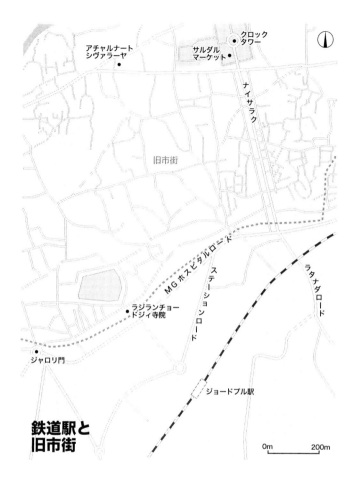

INDIA
西インド

ラジャスタン発のマールワーリー商人

近代以降、ラジャスタンからイギリスの植民都市コルカタやムンバイに進出し、パールシーとともにインド経済界に君臨したマールワーリー商人。この商人名の由来になったのがジョードプル(マールワール)で、強い血縁、地縁ネットワークを武器にインド各地で成功した(マールワール地方やシェカワティ地方出身者が多く、利にさとい人たちと見られることもあった)。シェカワティ地方を出自とするビルラー財閥はマールワーリー商人の代表格とされ、近代化、工業化の流れを受けて財閥へと成長し、ガンジーの独立運動を金銭面で支援した。

▲左　ラッシーを味わう夫婦。　▲右　鮮やかなポスターが飾られている、ナイ・サラクにて

राज रणछोड जी मंदिर ; ラジ・ランチョードジィ寺院
Raj Ranchhodji Mandir ［★☆☆］

黒大理石製のクリシュナ像を安置するラジ・ランチョードジィ寺院。ジャスワント・シング王（在位 1637 〜 80 年）の死後、その王妃によって建設された。寺院建築は赤砂岩を素材とする。

INDIA
西インド

अचल नाथ मंदिर ; アチャルナート・シヴァラーヤ寺院
Achal Nath Shivalaya Mandir [★☆☆]

ジョードプル旧市街に残るシヴァ寺院のアチャルナート・シヴァラーヤ寺院。1531年建立の由緒正しい寺院で、シヴァ・リンガがまつられている（男性器リンガは生命力あるシヴァ神そのもの）。

ムガルと
マール
ワール家

INDIA
西インド

ジョードプルを都とするマールワール王国
16世紀に最盛期を迎えるなか
宗主ムガル帝国との駆け引きも続いた

婚姻関係を結んだムガルとラージプート

マールワール王家は13世紀以来、この地方を拠点とし、ムガル帝国（1526～40年、1555～1858年）が成立したとき、ウダイプルのメーワール王家とともに巨大なヒンドゥー勢力だった。こうした状況で、ムガル帝国第3代アクバル帝はラージプート諸国と婚姻関係を結ぶことでその勢力下に組み込んだ（ジョードプルやジャイプルがムガルに従属したのに対して、ウダイプルは徹底抗戦の道を選んだ）。ジョードプルのウダイ・シング王(在位1583～1594年)は王女ジョード・バーイをアクバル帝の子サリーム王子（のちの第4代ジャハン

Jodhpur | ムガルとマールワール家

ギール帝）に嫁がせ、王女はフッラム王子を産んだ。マールワール王家の血をひいたフッラム王子は第5代シャー・ジャハーン帝として即位し、タージ・マハルを造営したことで知られる。

ムガル最高の官位を受け

ムガル帝国では、皇帝が臣下に「官職」と「禄位」をあたえ、臣下は「禄位」にみあった「騎馬」を用意し、担当の知行地で税をとった。この知行地は本来、数年で鞍替えされるものだったが、ラージプート諸国は特別に「永代知行地」が認め

INDIA
西インド

られていた(ムガル帝国に軍事協力させるために、数々の特権を認め、親しみある領民を統治させた)。ジョードプル王はアンベール(ジャイプル)王とならんで、ムガル帝国で最高格式の5000騎、ビカネール王も4000〜5000騎、ジャイサルメール王は1000騎と、地位の高さは際立っていた。またムガル帝国は氏族の異なるジョードプル、ジャイプル、ウダイプルのあいだで係争問題をつくり、その力を団結させないように注意を払ったという。

▲左 建物が青く塗られたブルー・シティ。 ▲右 メヘランガル・フォートに備えつけられた大砲

ラージプート戦争とムガルからの離反

ムガル帝国第6代アウラングゼーブ帝は熱心なイスラム教徒で、マトゥラーはじめ各地のヒンドゥー寺院を破壊した。またジョードプルの前代ジャスワント・シング王への恨み、知行地(皇帝が臣下にあたえる土地)の不足、海港のあるグジャラートへ続く要衝であったことから、「(ジャスワント・シング王に続く)跡継ぎがいない」ことを理由にマールワール王国のとりつぶしをはかった。これに対して、ジョードプル側は30年に渡るラージプート戦争を展開し、アウラングゼーブ帝死後の1707年、ジョードプル側の勝利で終わった。ア

INDIA
西インド

ウラングゼーブ帝の政策は、各地のヒンドゥー勢力の離反を招き、やがてムガル帝国はデリー近郊の小さな勢力へとなっていった。

Guide, New Jodhpur
新市街
城市案内

INDIA
西インド

街の拡大とともに
新市街が整備されたジョードプル
マハラジャの宮殿も残る

उम्मेद भवन पैलेस ;
ウメイド・バワン・パレス Umaid Bhawan Palace [★★☆]

ジョードプル市街南東の丘に立つウメイド・バワン・パレス。マハラジャ・ウメイド・シング（在位1918〜47年）の命で、飢饉に苦しむ人々の雇用を兼ねて建てられたもので、1944年に完成した。大理石と黄砂岩が使われ、幅195m、奥行き103m、高さ56mの堂々としたインド・サラセン様式のたたずまいをしている（イギリスの設計者がインド・イスラム建築と西欧建築を融合させた様式）。宮殿、博物館、ホテル、劇場などからなり、今でもジョードプル王家の人々が暮らす。

博物館では、マハラジャの肖像画や写真、ラージプート絵画、マハラジャの使った玉座といった展示が見られる。

男気ある王族の逸話

1818〜1949年、ジョードプルはイギリスの保護国（藩王国）となり、イギリスからの駐在官を受け入れていた。あるときイギリス人少尉がジョードプルでなくなり、その棺を4人のイギリス人で運ぶ手はずだった。ところがひとりのイギリス人が急病にかかり、棺の担い手が足りなくなってしまった。ヒンドゥー教徒のあいだでは、他人の棺に手を触れると、カー

▲左 マハラジャの邸宅を兼ねたウメイド・バワン・パレス。 ▲右 凛々しいたたずまいの肖像

ストから追放される決まりがあったので、代役は見つからなかった。こうした状況で、ジョードプル王族のバータップ・シングは「その兄弟のようなイギリス軍人とのあいだでは、カーストは関係ない」と棺かつぎに名乗りをあげ、イギリス少尉の面子をたてたという。

राय का बाग पैलेस;
ライカ・バグ・パレス Rai Ka Bag Palace [★☆☆]

ジャスワント・シング王（在位 1637 〜 80 年）の王妃によって、1663 年に建設されたジョードプル王家の宮殿。マハラジャ・

【MEMO】

【地図】新市街

【地図】新市街の [★★☆]
- [ ] ウメイド・バワン・パレス Umaid Bhawan Palace

【地図】新市街の [★☆☆]
- [ ] ライカ・バグ・パレス Rai Ka Bag Palace
- [ ] ウメイド・ガーデン Umed Garden
- [ ] ガネーシャ寺院 Ganesh Mandir
- [ ] 旧市街 Old Jodhpur
- [ ] ナイ・サラク Nai Sarak
- [ ] クロック・タワー Clock Tower

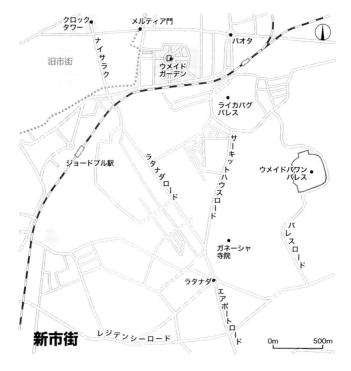

ジャスワント・シング2世（在位1873〜95年）が豊かな緑に囲まれたこの宮殿を愛し、しばしば滞在したと伝えられる。

उमेद गार्डन；ウメイド・ガーデン Umed Garden ［★☆☆］

ウメイド・ガーデンは、マハラジャ・ウメイド・シング（在位1918〜47年）によって整備された広大な公園。美しい芝生が敷かれ、アショカの木やバラの花が植えられている。ま

INDIA
西インド

たアフリカやオーストラリアから集められた動物を飼育する動物園、博物館も備えている。

गणेश मंदिर ; ガネーシャ寺院 Ganesh Mandir [★☆☆]

ジョードプル鉄道駅南東の新市街ラタナダに立つガネーシャ寺院。「あらゆる障害をとりのぞく」という象頭のガネーシャ神がまつられている。

महा मंदिर ; マハ・マンディル Maha Mandir [★☆☆]

ジョードプル市街北東に立つヒンドゥー寺院のマハ・マン

▲左 「砂漠の船」ラクダが闊歩する。　▲右　砂漠地帯の庭園は楽園を意味した

ディル。シカラ（ヒマラヤをイメージした屋根）を中心にピラミッド型の外観をし、列柱が連なる1階は外部に対して開放的になっている。

केन्द्रीय शुष्क क्षेत्र अनुसंधान संस्थान ; 中央乾燥地帯研究所
Central Arid Zone Research Institute ［★☆☆］

タール砂漠東の入口にあたり、降水量の少ないジョードプル。中央乾燥地帯研究所では砂漠地帯の農業、灌漑、資源利用などの研究が進められ、1952年に創立されたのち、1959年に現在の姿となった。

INDIA
西インド

थार रेगिस्तान ; タール砂漠 Thar Desert [★☆☆]

タール砂漠は長さ800km、幅320kmの広大な砂漠で、大インド砂漠とも呼ばれる。この地方は古くはインダス文明が栄えていたが、紀元前2000〜前1500年ごろから乾燥期がはじまり、紀元前後に砂漠化した。1947年、タール砂漠を縦断するように国境が敷かれたため、インドとパキスタンの両国にまたがっている。

सिद्धनाथ मंदिर ; シッディナート寺院 Siddhnath Mandir [★☆☆]

ジョードプル郊外の丘陵に立つシヴァ派のシッディナート寺

【MEMO】

【地図】大ジョードプル

【地図】大ジョードプルの [★★★]
- [ ] メヘランガル・フォート Mehrangarh Fort

【地図】大ジョードプルの [★★☆]
- [ ] ウメイド・バワン・パレス Umaid Bhawan Palace
- [ ] マンドール Mandore

【地図】大ジョードプルの [★☆☆]
- [ ] マハ・マンディル Maha Mandir
- [ ] バルサマンド・レイク・パレス Balsamand Lake Palace
- [ ] 中央乾燥地帯研究所 Central Arid Zone Research Institute
- [ ] タール砂漠 Thar Desert
- [ ] シッディナート寺院 Siddhnath Mandir
- [ ] カイラナ・レイク Kaylana Lake

大ジョードプル

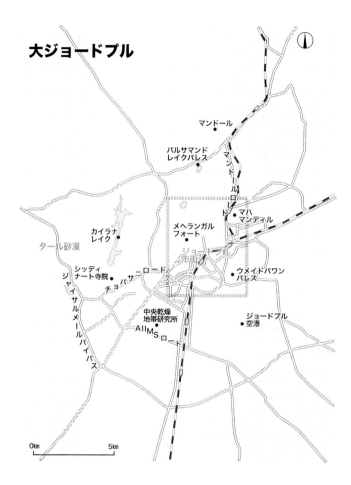

院。人の訪れないさびれた場所だったが、隠者ヴェトラギナラインスワミが庵を結んだことで巡礼地となった。

कायलाना लेक；カイラナ・レイク Kaylana Lake ［★☆☆］

ジョードプルの西8kmに広がるカイラナ・レイク。かつてジョードプル王家の離宮と庭園があったところで、1872年、プラタプ・シングによって人造湖として整備された。ジョードプルの貴重な水源になっているほか、美しい夕陽を見られる。

Guide,
Around Jodhpur
郊外
城市案内

古都マンドールやオシアン
ジョードプル郊外には
いくつかの景勝地が残る

बालसमंद लेक पैलेस ; バルサマンド・レイク・パレス
Balsamand Lake Palace [★☆☆]

バルサマンド湖の湖畔に立つマールワール王家の離宮。12世紀につくられたという人造湖のほとりに、19世紀の建てられた赤砂岩の宮殿が残る。マハラジャはじめ王族は夏の離宮として利用していたが、現在はホテルとして開館している。

【地図】ジョードプル郊外

【地図】ジョードプル郊外の [★★☆]
- [ ] マンドール Mandore
- [ ] オシアン Osian

【地図】ジョードプル郊外の [★☆☆]
- [ ] バルサマンド・レイク・パレス Balsamand Lake Palace
- [ ] グダビシュノイ村 Guda Bishnoi

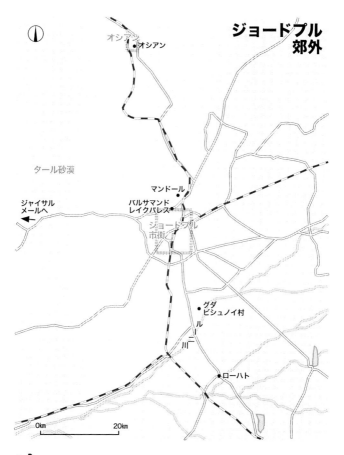

मंडोर；マンドール Mandore ［★★☆］

ジョードプルが建設される 1459 年以前にマールワール王国の都がおかれていた古都マンドール。ガンジス河中流域のカナウジを拠点としていたラートール・ラージプート族の祖先

【地図】オシアンの [★★☆]

- [ ] オシアン Osian

オシアン

Jodhpur | 郊外城市案内

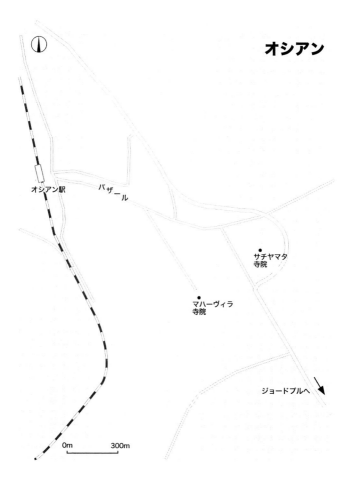

INDIA
西インド

はイスラム勢力に敗れて、ラジャスタン砂漠地帯のこの地を拠点とした。現在、マンドールは北西部の城塞跡、南東部の公園からなり、アジト・シング王（在位1680～1724年）、ウダイ・シング王（在位1583～94年）などの墓が残っている。これらの建物はこの地方で産出される赤砂岩で建てられ、山状屋根シカラをもつ北インドのヒンドゥー寺院様式となっている。ジョードプルの北8km。

ओसियां；オシアン Osian [★★☆]

ジョードプルから北西に65km離れたオシアンは、タール砂

▲左　赤砂岩の墓廟が見られるマンドール。　▲右　鮮やかなサリーを着飾った女性たち

漠の古い交易都市。8〜11世紀に建てられたサチヤマタ寺院、スーリヤ寺院、ジャイナ教のマハーヴィラ寺院が残る寺院都市としても知られる。またタール砂漠をゆくキャメル・サファリの拠点にもなっている。

गुडा बिश्नोई ग्राम;グダビシュノイ村 Guda Bishnoi[★☆☆]

人々の昔ながらの生活が見られるグダビシュノイ村。近くの湖には野鳥、野生動物が生息し、美しい光景が広がっている。ジョードプルから南に 25km。

城市のうつりかわり

ジョードプルを中心とするマールワール地方
武勇で知られた騎士階級の
ラートール・ラージプート根拠地

ジョードプル以前（～15世紀）

ラージプート諸族は、5世紀なかば、フン族とともにインドへ侵入した外来民族やヒンドゥー世界の枠外にいた原住民の流れをくむと考えられる。8～12世紀、北インドにはこうしたラージプートの諸王朝が割拠し、インドの民を守る古代クシャトリアの末裔であると称した。のちにジョードプルを築くラートール・ラージプートの祖先はガンジス河中流域のカナウジにいたが、イスラム勢力の侵入を受けてラジャスタンの地へ逃れ、1212年、氏族国家を樹立した（ガーハダヴァラーラ朝最後の王ジャイ・チャンドの孫シアージを祖とす

INDIA
西インド

る)。この王朝の都はジョードプル北8kmのマンドールにあったが、土地の狭さなどから、1459年、第12代ラーオ・ジョーダ王（在位1438〜88年）がジョードプルに遷都した。

マールワール王国（15〜19世紀）

中世、北インドはデリーに都をおくイスラム教デリー・サルタナット朝(13〜16世紀)の統治が続き、武勇で知られるラージプート諸王朝は半独立状態を保っていた（ジョードプルとウダイプルがもっとも優勢だった）。こうしたなか、より強大なイスラム王朝のムガル帝国が樹立され、第3代アクバル

▲左 今も人々に慕われているマハラジャの宮殿。　▲右 リキシャや馬、人が行き交う旧市街

帝はラージプート諸族と婚姻関係を結ぶ政策をとった。1570年、マールワール王国はムガル帝国を宗主と認め、帝国のなかで「諸王の王」と言える有力な地位をもっていた。ムガル帝国はマールワール王国から得たアジメールに拠点をおいてラージプート諸国を監視したが、第6代アウラングゼーブ帝の時代以降、ラージプート諸国は帝国から離反していった。この時代、ジョードプルは、マールデーオ王（在位1531〜83年）、ジャスワント・シング王（在位1637〜80年）といった名君を輩出している。

INDIA
西インド

ジョードプル藩王国（19～20世紀）

18世紀以降のムガル帝国の弱体化とともに、西部デカン高原に拠点をおくマラータがラジャスタンに進出した。こうしたなかラージプート諸国は1818年からイギリスの保護国となることを選び、ジョードプル藩王国の半独立状態は続いた。一方、イギリス側から見ると、人々から親しまれているマハラジャを通じて間接統治を行なう政策だった。イギリス統治時代、ラージプターナ（ラージプートの地）と呼ばれたラジャスタン地方にはジョードプル、ジャイプル、ウダイプルを中心に19の藩王国があったが、ジョードプルはラージプター

▲左　ジョードプルで出合った子どもたち。　▲右　王族たちの隊列を描いたラージプート絵画

ナで最大の領土をもっていた(イギリス統治時代のインドは、イギリス直轄領と大小600ほどの藩王国から構成された)。

現代 (20世紀〜)

1947年の印パ分離独立にあたって、ジョードプル藩王国はインドへ編入され、ラジャスタン州の一部を構成するようになった。ラジャスタン州の州都はジャイプルにおかれ、ジョードプルはそれに次ぐ第2の都市となっている。20世紀に入り、ジョードプル旧市街から見て、鉄道駅の反対側に新市街が建設され、街は拡大を続けている。またジョードプルのマハラ

INDIA
西インド

ジャと一族は今なおウメイド・バワン・パレスに暮らし、かつての宮殿はホテルに転用されている。この街には中央乾燥地帯研究所がおかれ、タール砂漠の厳しい環境や自然の研究も行なわれている。

Jodhpur

城市のうつりかわり

参考文献

───────────────────────────────

『世界歴史の旅北インド』(辛島昇・坂田貞二 / 山川出版社)

『インド建築案内』(神谷武夫 /TOTO 出版)

『印度藩王国』(ウイリアム・バートン / 中川書房)

『マハラジャ宮殿を中心としたインド・ジョドプール市の石造建築物群の地震リスク評価』(京都大学防災研究所 / 京都大学防災研究所)

『中世インドの歴史』(サティーシュ・チャンドラ / 山川出版社)

『ムガル帝国から英領インドへ』(佐藤正哲 / 中央公論社)

『インド史』(ロミラ゠ターパル / みすず書房)

『インド北部地域都市広場形態についての考察』(芦川智・金子友美・鶴田佳子・高木亜紀子・徳永陽子 / 學苑)

『ジョードプル・オフィシャルウェブサイト』(http://jodhpur.nic.in/)

『世界大百科事典』(平凡社)

まちごとパブリッシングの旅行ガイド

Machigoto INDIA , Machigoto ASIA , Machigoto CHINA

【北インド - まちごとインド】

001 はじめての北インド
002 はじめてのデリー
003 オールド・デリー
004 ニュー・デリー
005 南デリー
012 アーグラ
013 ファテープル・シークリー
014 バラナシ
015 サールナート
022 カージュラホ
032 アムリトサル

【西インド - まちごとインド】

001 はじめてのラジャスタン
002 ジャイプル
003 ジョードプル
004 ジャイサルメール
005 ウダイプル
006 アジメール（プシュカル）
007 ビカネール
008 シェカワティ
011 はじめてのマハラシュトラ
012 ムンバイ
013 プネー
014 アウランガバード
015 エローラ
016 アジャンタ
021 はじめてのグジャラート
022 アーメダバード
023 ヴァドダラー（チャンパネール）
024 ブジ（カッチ地方）

【東インド - まちごとインド】

002 コルカタ
012 ブッダガヤ

【南インド - まちごとインド】

001 はじめてのタミルナードゥ
002 チェンナイ
003 カーンチプラム
004 マハーバリプラム
005 タンジャヴール
006 クンバコナムとカーヴェリー・デルタ
007 ティルチラパッリ
008 マドゥライ
009 ラーメシュワラム
010 カニャークマリ
021 はじめてのケララ
022 ティルヴァナンタプラム
023 バックウォーター（コッラム〜アラップーザ）
024 コーチ（コーチン）
025 トリシュール

【ネパール - まちごとアジア】

001 はじめてのカトマンズ
002 カトマンズ
003 スワヤンブナート

004 パタン
005 バクタプル
006 ポカラ
007 ルンビニ
008 チトワン国立公園

【バングラデシュ - まちごとアジア】

001 はじめてのバングラデシュ
002 ダッカ
003 バゲルハット（クルナ）
004 シュンドルボン
005 プティア
006 モハスタン（ボグラ）
007 パハルプール

【パキスタン - まちごとアジア】

002 フンザ
003 ギルギット（KKH）
004 ラホール
005 ハラッパ
006 ムルタン

【イラン - まちごとアジア】

001 はじめてのイラン
002 テヘラン
003 イスファハン
004 シーラーズ
005 ペルセポリス
006 パサルガダエ（ナグシェ・ロスタム）
007 ヤズド
008 チョガ・ザンビル（アフヴァーズ）
009 タブリーズ

010 アルダビール

【北京 - まちごとチャイナ】

001 はじめての北京
002 故宮（天安門広場）
003 胡同と旧皇城
004 天壇と旧崇文区
005 瑠璃廠と旧宣武区
006 王府井と市街東部
007 北京動物園と市街西部
008 頤和園と西山
009 盧溝橋と周口店
010 万里の長城と明十三陵

【天津 - まちごとチャイナ】

001 はじめての天津
002 天津市街
003 浜海新区と市街南部
004 薊県と清東陵

【上海 - まちごとチャイナ】

001 はじめての上海
002 浦東新区
003 外灘と南京東路
004 淮海路と市街西部
005 虹口と市街北部
006 上海郊外（龍華・七宝・松江・嘉定）
007 水郷地帯（朱家角・周荘・同里・甪直）

【河北省 - まちごとチャイナ】

001 はじめての河北省
002 石家荘
003 秦皇島
004 承徳
005 張家口
006 保定
007 邯鄲

【江蘇省 - まちごとチャイナ】

001 はじめての江蘇省
002 はじめての蘇州
003 蘇州旧城
004 蘇州郊外と開発区
005 無錫
006 揚州
007 鎮江
008 はじめての南京
009 南京旧城
010 南京紫金山と下関
011 雨花台と南京郊外・開発区
012 徐州

【浙江省 - まちごとチャイナ】

001 はじめての浙江省
002 はじめての杭州
003 西湖と山林杭州
004 杭州旧城と開発区
005 紹興
006 はじめての寧波
007 寧波旧城
008 寧波郊外と開発区
009 普陀山
010 天台山
011 温州

【福建省 - まちごとチャイナ】

001 はじめての福建省
002 はじめての福州
003 福州旧城
004 福州郊外と開発区
005 武夷山
006 泉州
007 厦門
008 客家土楼

【広東省 - まちごとチャイナ】

001 はじめての広東省
002 はじめての広州
003 広州古城
004 天河と広州郊外
005 深圳（深セン）
006 東莞
007 開平（江門）
008 韶関
009 はじめての潮汕
010 潮州
011 汕頭

【遼寧省 - まちごとチャイナ】

001 はじめての遼寧省
002 はじめての大連
003 大連市街
004 旅順
005 金州新区

006 はじめての瀋陽
007 瀋陽故宮と旧市街
008 瀋陽駅と市街地
009 北陵と瀋陽郊外
010 撫順

【重慶 - まちごとチャイナ】

001 はじめての重慶
002 重慶市街
003 三峡下り（重慶〜宜昌）
004 大足

【香港 - まちごとチャイナ】

001 はじめての香港
002 中環と香港島北岸
003 上環と香港島南岸
004 尖沙咀と九龍市街
005 九龍城と九龍郊外
006 新界
007 ランタオ島と島嶼部

【マカオ - まちごとチャイナ】

001 はじめてのマカオ
002 セナド広場とマカオ中心部
003 媽閣廟とマカオ半島南部
004 東望洋山とマカオ半島北部
005 新口岸とタイパ・コロアン

【Juo-Mujin（電子書籍のみ）】

Juo-Mujin 香港縦横無尽
Juo-Mujin 北京縦横無尽
Juo-Mujin 上海縦横無尽

【自力旅游中国 Tabisuru CHINA】

001 バスに揺られて「自力で長城」
002 バスに揺られて「自力で石家荘」
003 バスに揺られて「自力で承徳」
004 船に揺られて「自力で普陀山」
005 バスに揺られて「自力で天台山」
006 バスに揺られて「自力で秦皇島」
007 バスに揺られて「自力で張家口」
008 バスに揺られて「自力で邯鄲」
009 バスに揺られて「自力で保定」
010 バスに揺られて「自力で清東陵」
011 バスに揺られて「自力で潮州」
012 バスに揺られて「自力で汕頭」
013 バスに揺られて「自力で温州」

【車輪はつばさ】
南インドのアイラヴァテシュワラ寺院には建築本体に車輪がついていて寺院に乗った神さまが人びとの想いを運ぶと言います。

・本書はオンデマンド印刷で作成されています。
・本書の内容に関するご意見、お問い合わせは、発行元の
　まちごとパブリッシング info@machigotopub.com までお願いします。

まちごとインド
西インド003ジョードプル
～「巨人の城」とブルー・シティ［モノクロノートブック版］

2017年11月14日　発行

著　者	「アジア城市（まち）案内」制作委員会
発行者	赤松　耕次
発行所	まちごとパブリッシング株式会社
	〒181-0013　東京都三鷹市下連雀4-4-36
	URL http://www.machigotopub.com/
発売元	株式会社デジタルパブリッシングサービス
	〒162-0812　東京都新宿区西五軒町11-13
	清水ビル3F
印刷・製本	株式会社デジタルパブリッシングサービス
	URL http://www.d-pub.co.jp/

MP016

ISBN978-4-86143-150-0 C0326　　　　Printed in Japan
本書の無断複製複写（コピー）は、著作権法上での例外を除き、禁じられています。